Gourmandises à créer en pâte polymère

Valérie Fauvellière

CréaPassions
www.creapassions.com

Rejoignez-nous sur

www.creapassions.com

le site des loisirs créatifs

recevez gratuitement notre astuce du jour

suivez l'actualité de nos ouvrages

et retrouvez toutes nos collections

Éditrice
Emmanuelle PROT
Tél. : 06 17 06 43 02
Email : eprot@creapassions.c

ISBN 978-2-8141-0033-6

Vitrac & Son Publishing Ltd,
1A Pope Street, London,
United Kingdom
www.vitracandson-publishing.co.

Sommaire

La pâte polymère, matière idéale pour créer

Cet ouvrage, à consommer sans modération, a été réalisé dans le but de vous expliquer comment créer des bijoux et des accessoires « 100 % gourmands » en pâte polymère. Mais attention, ce livre peut être une vraie torture pour celles et ceux qui souhaitent conserver leur ligne !
Chaque modèle, présenté avec des photos, est accompagné de pas-à-pas détaillés. Les techniques sont accessibles aux débutants et simples à mettre en œuvre. Vous pourrez, par ailleurs, découvrir de nouvelles matières à intégrer à vos bijoux.
N'attendez plus et faites-vous plaisir en fabriquant des petits bijoux uniques et des objets originaux.
Et quel bonheur d'offrir pour un anniversaire, pour la fête des mères ou pour tout autre occasion, un petit présent créé de ses propres mains !
Alors, bonne création !

à savoir

L'utilisation de la pâte polymère est autorisée aux enfants de plus de 8 ans. Pour les plus jeunes, utilisez de la pâte à modeler (de type paper clay) ou bien de la pâte de porcelaine à modeler appelée WePAM, très résistante et qui sèche à l'air libre.

astuces

Une section "Vos réalisations" a été créée sur le blog de l'auteure (*voir le carnet d'adresses page 69*) à la sortie de ce livre ; vous pouvez y poster toutes les photos de vos propres réalisations et découvrir celles des autres.

La pâte Fimo

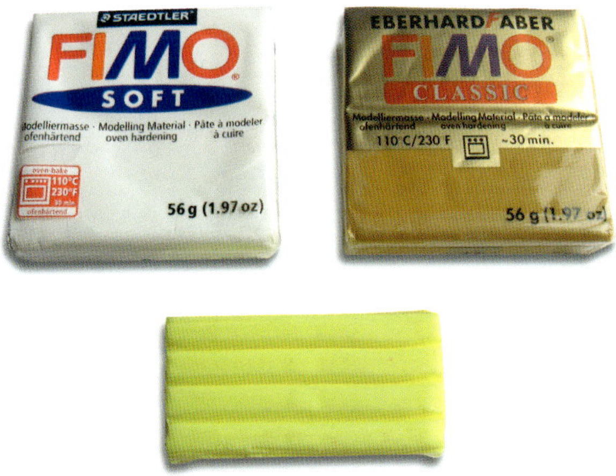

1

La pâte utilisée dans ce livre (marque Fimo) se présente en bloc de 56 grammes. Elle se compose de huit barres et existe en version *soft*, souple et en version *classic*, plus dure (photo 1).

Les couleurs sont miscibles entre elles.

Il existe d'autres marques entre autre la CERNIT (photo 3).
La pâte polymère se conserve très bien dans de petits sachets refermables *Minigrip* ou bien dans du papier cristal récupéré chez un fleuriste.
Évitez d'envelopper votre pâte dans du film alimentaire et préférez plutôt le papier cuisson. Rangez le tout dans une boîte métallique hermétique.
Grâce à cette table de mélange, créez vos propres couleurs (photo 2).

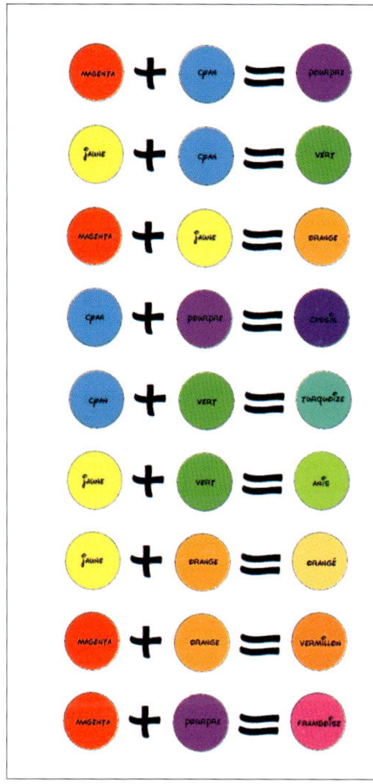

2

3

astuces

Utilisez des gants très fins pour éviter les empreintes digitales sur la pâte. Pour essuyer vos mains en cours de travail, les lingettes de bébé sont idéales.

Chapitre 1 : Zéro kilo les **gâteaux !**

Envie de croissant mais vous êtes au régime ?
Alors craquez pour ces mini-croissants tout juste sortis du four !

Fournitures

- De la pâte à gâteau (*voir la recette page 62*)
- Une lame rigide
- 2 mini-pitons
- 2 supports de boucles d'oreilles
- 1 pinceau
- De la peinture acrylique or et terre de Sienne brûlée

Niveau *

- Temps de réalisation : 15 minutes

Le petit croissant « **Parisien** »

1

2

3

4

Réalisation

Photo 1

1. Préparez une plaque avec la pâte de base d'une épaisseur de 3 mm.
2. Découpez un triangle de 5 cm de base et de 7 cm pour les côtés.
3. Commencez à enrouler la pâte.

Photo 2

4. Vous obtenez un croissant.
5. N'hésitez pas à retravailler les bouts en les tournant dans le sens inverse des aiguilles d'une montre.

Photo 3

6. À l'aide d'un papier sulfurisé chiffonné, tamponnez le croissant afin d'imprimer du relief.
7. Enfoncez un mini-piton et faites cuire.

Photo 4

8. Après la cuisson, préparez un mélange de peinture couleur or et terre de Sienne brûlée.
9. À l'aide d'un pinceau sec, peignez le croissant et vernissez-le.

La broche de **la Boulangère**

Mmm ! Comment ne pas résister ?
C'est « viennoisement » bon !
Cette ravissante petite broche est à porter en toute occasion.

Fournitures

- De la pâte à gâteau (*voir la recette page 62*)
- De la pâte couleur chocolat
- 1 lame rigide
- 1 cure-dent
- 1 pinceau
- De la peinture acrylique or et terre de Sienne brûlée
- 1 support de broche de 5 cm
- 1 tige argentée
- 4 petits anneaux
- 2 breloques
- 1 ruban et 1 mini-attache parisienne de *scrapbooking* (appelée aussi *brad*) et ajoutez un pain au raisin (*voir page 11*) ou autre choix.

Niveau *

- Temps de réalisation : 15 minutes

Le pain au **chocolat**

1

2

3

4

5

Réalisation

1. Étalez la pâte de base d'une épaisseur de 3 mm et découpez un rectangle de 5 x 2 cm. Préparez deux boudins couleur chocolat de 2,5 cm (photo 1).
2. Déposez-les comme indiqué sur la photo (photo 2).
3. Enroulez le tout (photo 3).
4. Avec un cure-dent, appuyez en roulant afin de faire disparaître la jonction. Ceci est le dessous du pain au chocolat (photo 4).
5. Prenez un morceau de papier sulfurisé chiffonné pour texturer la pâte afin de lui donner un aspect feuilleté (photo 5).
6. Percez et procédez à la cuisson.

à savoir

N'oubliez pas de peindre votre pain au chocolat avant de le vernir.
Voir les explications page 7.

La bague « pain **aux raisins** »

Une viennoiserie montée sur support de bague réglable...

Assortissez-la avec des boucles d'oreilles...

et vous aurez une jolie parure à offrir !

Fournitures
- 1 support de bague réglable
- De la colle forte
- De la pâte à gâteau
- De la pâte couleur chocolat
- 1 lame rigide
- 1 pinceau
- De la peinture acrylique or et terre de Sienne brûlée

Niveau* :
- Temps de réalisation : 15 minutes

Le pain **aux raisins**

1

2

Réalisation

1. Réalisez un boudin de 7 cm de long et enroulez-le sur lui-même (photo 1).
2. Déposez quelques pépites de pâte couleur chocolat sur le recto et le verso.

Chiffonnez un morceau de papier sulfurisé et texturez toute la surface (photo 2).

3. Percez et cuisez. Laissez refroidir et peignez la surface (*voir les explications page 7*).

Le bijou de sac « Cœurs à prendre »

Décrochez un cœur et offrez-le à votre amoureux !

Fournitures

- De la pâte à gâteau
- De la pâte rose et blanche
- 1 emporte-pièce petit cœur
- 1 anneau double pour porte-clef
- De la chaînette
- Des breloques
- Des petits anneaux

Niveau :**

- Temps de réalisation : 15 minutes

Le gâteau « cœur »

1

2

Réalisation

1. Préparez une plaque d'une épaisseur de 5 mm environ avec la pâte couleur de base, une plaque blanche de 3 mm et une plaque rose de 2 mm (photo 1).
2. Superposez le tout en tassant bien et laissez durcir au réfrigérateur pendant 1 heure (utile pour l'étape suivante).
3. Enfoncez votre emporte-pièce mini-cœur et extrayez délicatement en poussant sur le dessus avec l'index (photo 2).
4. Si le cœur est un peu déformé, aplatissez doucement avec le doigt talqué au préalable afin de moins marquer la pâte avec les empreintes.

astuces

Réalisez une chantilly et déposez quelques décorations, tranches de fruits…
Pour un coulis chocolat, préparez un mélange 50/50 de Fimo liquide et de peinture acrylique marron foncée ; étalez-la sur le cœur, cuisez 30 minutes, puis vernissez.
Pour un coulis fraise, après la cuisson, utilisez la peinture TULIP 3 D et laissez sécher 48 heures.
Il en existe une multitude de couleurs, ainsi que des versions *glitter* (c'est-à-dire pailletées).
Laissez jouer votre imagination !

Les boucles d'oreilles « Part de tarte »

Votre dessert préféré au bout de vos oreilles !

Fournitures

- De la pâte à gâteau
- De la pâte chocolat et orange transparent
- 1 emporte-pièce rond de 4 cm de diamètre
- 2 mini-pitons
- 2 supports de boucles d'oreilles.

Niveau :**

- Temps de réalisation : 20 minutes

La tarte

1

2

3

Réalisation

1. Superposez quatre couches de pâte (ici, pâte de base, pâte chocolat, pâte de base et pâte orange) puis faites une découpe ronde à l'emporte-pièce (photo 1).
2. Entourez le résultat d'une fine bande de pâte. Lissez avec le doigt le joint du raccord et le dessous (photo 2).
3. Réalisez une bande torsadée que vous disposerez sur le dessus (photo 3).
4. Découpez vos parts et décorez (photo 4).

4

Les biscuits **fourrés chocolat**

Une barrette pour être la plus belle !

Fournitures

- De la pâte de base, pâte chocolat
- 1 emporte-pièce petite fleur
- 1 cure-dent
- 1 support de barette
- 1 morceau de ruban
- 1 religieuse coupée en deux (*voir page 29*)
- De la colle forte

Adorables boucles d'oreilles à croquer.

Fournitures

- 2 clous à tête plate
- 2 supports de boucle d'oreilles

Niveau *

- Temps de réalisation : 10 minutes pour chaque création

à savoir

N'oubliez pas de percer vos biscuits avant cuisson pour réaliser les boucles d'oreilles.
Les demi-religieuses et le biscuit sont collés avec de la super glu.

astuce

Collez un ruban de tissu afin de cacher le support de barrette.

Le biscuit

1

2

3

Réalisation

1. À l'aide du mini-emporte-pièce, réalisez deux fleurs avec la pâte couleur de base et une fleur en couleur chocolat (photo 1).
2. Superposez-les afin de former un sandwich puis, à l'aide d'un cure-dent, faites de légers trous recto et verso en guise de décoration (photo 2).
3. À l'aide d'une paille, trouez le centre en tournant délicatement jusqu'au fond et extrayez.

Remplissez l'orifice avec un petit morceau de pâte couleur chocolat et lissez avec le doigt (photo 3).

Les petites bouchées **trop craquantes**

Cric, crac, croc... je craque pour des boucles d'oreilles chocolatées !

Fournitures

- 2 clous à tête plate
- 2 supports de boucles d'oreilles
- De la pâte chocolat
- De la pâte de couleur au choix pour l'intérieur
- 1 lame flexible crantée

Niveau *

- Temps de réalisation : 10 minutes

Le *magnet* gourmand

Plutôt que d'acheter vos *magnets*, créez-les. C'est si facile et amusant ! Il vous suffit de coller un petit aimant à l'arrière et il viendra décorer votre réfrigérateur.

Fournitures

- De la pâte chocolat
- De la pâte de couleur au choix pour l'intérieur
- 1 lame flexible crantée
- 1 aimant

Niveau *

- Temps de réalisation : 10 minutes

La bouchée **au chocolat**

1

2

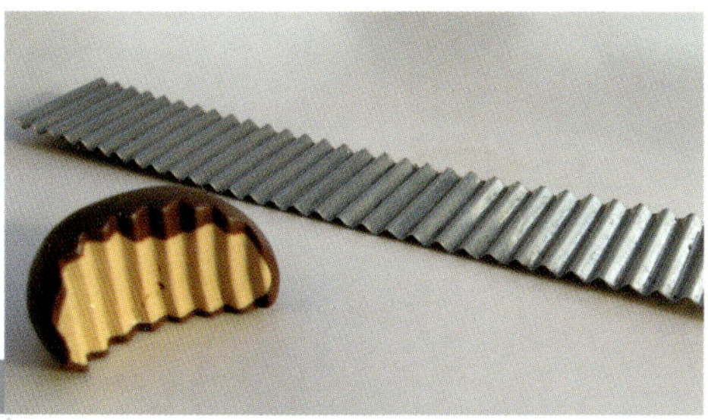
3

Réalisation

1. Réalisez une boule de la couleur de votre choix et recouvrez-la d'une plaque de couleur chocolat (photo 1).
2. Reformez une jolie boule et aplatissez-la légèrement avec la paume de la main (photo 2).
3. Utilisez la lame crantée pour l'effet croqué (photo 3).
4. Réalisez un fin colombin de la couleur de votre choix et déposez-le dessus en appuyant légèrement afin qu'il adhère correctement (photo 4).

4

Le bonhomme « pain d'épices » et le goûter

Broche « Gingerbread »
Vous aurez besoin de coller un support de broche à l'arrière. Ou alors, réalisez un petit trou avant cuisson, après quoi vous enfilerez un ruban et vous obtiendrez une jolie décoration pour votre sapin.

Adorable pendentif « le petit Goûter »
Le compagnon de tous les enfants.

Niveau ***
- Temps de réalisation : 15 minutes

Fournitures
- De la pâte à gâteau
- De la pâte chocolat
- 1 cutter stylo
- 1 clou à tête plate ou 1 mini-piton
- 1 petit anneau
- 1 gabarit

1

Réalisation

1. Préparez une plaque avec de la pâte de base et de la pâte chocolat. Déposez dessus le gabarit (*voir page 67*) et découpez les formes à l'aide du cutter stylo (photo 1).
2. Vous devez vous retrouver avec trois formes, comme indiqué sur la photo 2. Il n'y a pas besoin de découper les yeux et la bouche sur la plaque chocolat (photo 2).
3. Superposez les trois formes en sandwich. Au besoin, lissez les contours avec le doigt. Ajoutez un petit piton. Faites cuire et vernissez (photo 3).
4. La technique pour le bonhomme pain d'épices est la même que celle utilisée pour le petit goûter (photo 4) (*voir le gabarit page 67*). Finissez par une décoration.

2

3

4

La ronde **des donuts**

La bague Donut

La décoration sera réalisée avec de minuscules petites boules de couleurs. Une fois le *donut* cuit et vernis, collez-le sur un support de bague réglable et laissez sécher deux heures.

Le collier Donuts

Faites trois *donuts* de différentes tailles. Pour la décoration, placez de minuscules petits morceaux découpés.
Percez avant la cuisson.
Assemblez avec des clous à tête plate, ajoutez des breloques et une chaîne.

Les boucles d'oreilles Donuts

La décoration rose sera réalisée avec de fins colombins déposés en zigzag.
Enfoncez des clous à tête plate avant la cuisson. Cuisez et vernissez.

astuce
Variez les couleurs.... les possibilités sont infinies !

Le donut

1

2

3

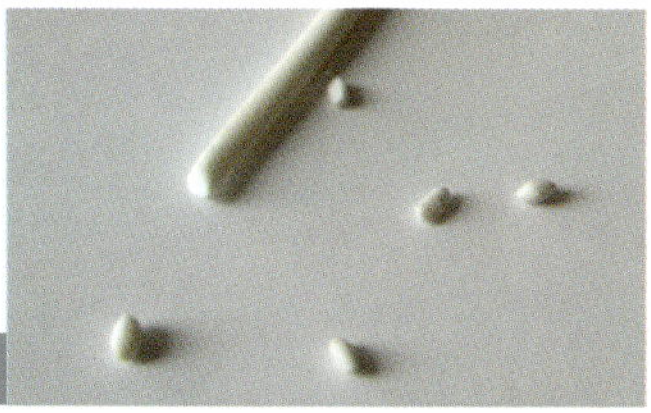

4

5

Fournitures

- De la pâte à gâteau
- De la pâte chocolat
- De la pâte blanche
- 1 emporte-pièce petite fleur
- 1 lame rigide
- 1 paille

Niveau *

- Temps de réalisation : 10 minutes

Réalisation

1. Réalisez une boule avec de la pâte de base et aplatissez-la avec le doigt (photo 1).
2. Créez une plaque de la couleur de votre choix (environ 2 mm d'épaisseur) et faites une découpe à l'emporte-pièce petite fleur (photo 2).
3. Étirez la découpe doucement (photo 3) et posez-la sur la boule aplatie.
4. Prenez une paille et trouez le centre.
5. Réalisez les pépites en créant un fin colombin de la couleur de votre choix et découpez dedans de fines rondelles (photo 4).
6. Déposez-les sur le *donut* en appuyant légèrement afin de les faire adhérer (photo 5).

astuce

Pour atténuer les empreintes de doigts lorsque vous travaillez la pâte, frottez vos doigts avec du talc.

Décorez votre table avec des marque-places **macarons**

Succès garanti avec ces marque-places gourmands. Et pour plus d'originalité, utilisez de la même manière le *donut*, la religieuse, le cœur…

à savoir

Avec la version Fimo, pensez à faire une fente avant la cuisson, puis vernissez en deux couches. Avec la version paper clay (voir pages 51 et 68**), utilisez de préférence un vernis à l'eau.**

Le macaron

1

2

3

4

Fournitures

- 2 pâtes de couleur au choix contrastantes
- 1 emporte-pièce rond de 4 cm
- 1 cure-dent

Niveau **

- Temps de réalisation : 15 minutes

Réalisation

1. Superposez deux plaques de 3 mm d'épaisseur. Placez dessus, bien à plat, un morceau de film alimentaire, puis réalisez deux cercles avec l'emporte-pièce (photo 1).
2. Retirez le film étirable et l'excédent de pâte (photo 2).
3. Grattez de haut en bas avec un cure-dent (photo 3).
4. Pour terminer, faites de petits trous avec une aiguille afin d'améliorer l'aspect de la collerette.
5. Faites une découpe ronde d'une couleur contrastante que vous placerez au milieu des deux coques (photo 4).

Cuisez et vernissez.

astuce

L'utilisation du film alimentaire permet de donner une légère forme bombée à votre découpe.

Deux idées pour intégrer **une galette**

Le collier «Croquandises»
Fournitures

- 9 pâtisseries de votre choix
- Du fil câblé
- De la chaîne
- 1 fermoir *toggle*
- 2 perles à écraser
- 1 épingle à anneau
- 2 breloques
- Diverses perles

Réalisation

1. Insérez l'épingle à anneau sur la religieuse pendentif centrale, puis accrochez-y deux petites breloques. Avec la pince à bout rond, formez la boucle par dessus *(voir page 65 le conseil de montage)*.
2. Enfilez les pâtisseries sur le fil câblé, espacées de perles.
3. Aux deux extrémités du fil, insérez une perle à écraser.
4. Passez le fil dans le premier maillon de la chaîne puis dans la perle à écraser. Serrez fort.
5. Attachez le fermoir *toggle* à l'aide des anneaux.

La broche «Croquandises»
Fournitures

- 1 support de broche
- 1 demi-religieuse
- 1 galette
- 3 petits anneaux
- 1 ruban
- 1 petit nœud
- 1 mini-attache parisienne
- 1 breloque

La galette **chocolatée**

1

2

3

4

5

Fournitures

- De la pâte à gâteau
- De la pâte couleur chocolat
- 1 emporte-pièce rond de 2 ou 3 cm selon la taille désirée
- 1 lame rigide
- 1 pinceau

Niveau *

- Temps de réalisation : 15 minutes

Réalisation

1. Réalisez une boule avec de la pâte de base et aplatissez-la en une galette de 2 cm de diamètre (photo 1).
2. Réalisez de fins serpentins chocolat, l'idéal est d'utiliser une extrudeuse (*voir page 64*). Déposez les serpentins dessus à l'horizontale et ensuite à la verticale (photo 2).
3. À l'aide d'un emporte-pièce rond, réalisez un cercle couleur chocolat pour recouvrir les serpentins (photo 3).
4. Appuyez délicatement avec les doigts et utilisez le bout rond d'un petit pinceau pour parfaire les creux (photo 4). Coupez, à la lame coupante si nécessaire, les serpentins qui pourraient dépasser autour.
5. Percez si besoin et cuisez (photo 5).

conseil

Si vous travaillez sans gants, lavez-vous fréquemment les mains, surtout lorsque que vous utilisez des couleurs foncées qui ont tendance à tâcher les mains. Cela vous évitera de salir les couleurs claires que vous manipulerez.

Accessoires déco, **marrants** et gourmands

1

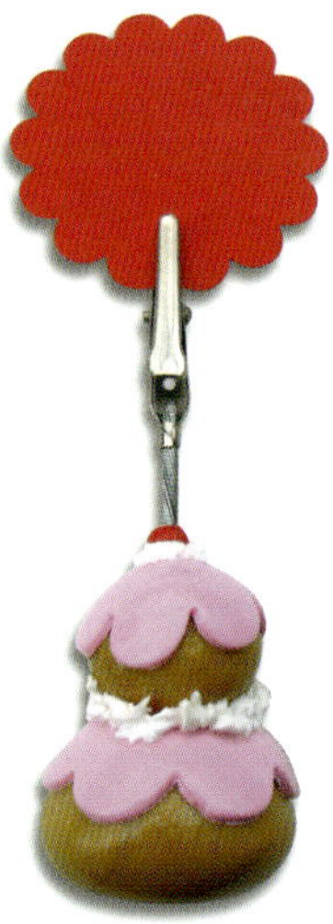

2

Cadre trio de religieuses (photo 1)

Fournitures

- 1 petit cadre en bois
- 3 demi-religieuses de tailles différentes
- Du transfert *(rub-on)* pour *scrapbooking*
- 1 image découpée à déposer sur un carré de mousse 3D
- De la colle
- De la pâte à gâteau
- De la pâte de couleur rose et blanche
- 1 emporte-pièce petite fleur
- 1 cure-dent

Support photo pour le bureau (photo 2)

Fournitures

- 1 grosse religieuse percée avant cuisson
- 1 pince crocodile sur tige de 55 mm
- De la pâte à gâteau
- De la pâte de couleur rose et blanche

Un cadre à assortir aux couleurs de votre intérieur.
Un cadeau « fait main » très vite réalisé.

La religieuse

1

2

3

4

Niveau *

- Temps de réalisation : 10 minutes

Réalisation

1. Faites deux boules de 1,5 et 1 cm en utilisant de la pâte de base (photo 1).
2. Faites une plaque de la couleur de votre choix et prenez l'emporte-pièce petite fleur (photo 2). Recoupez la deuxième fleur afin de réduire sa taille.
3. Posez les découpes sur les boules (photo 3), puis assemblez.
4. Avec un cure-dent, grattez un morceau de pâte blanche afin de réaliser la « chantilly » (photo 4).
5. Décorez de « chantilly » (photo 5).

5

La bague « Desserts sur un plateau », les boucles « Duo de choc » et le « bracel'éclair »

La bague « Desserts sur un plateau »

Fournitures

- 1 support de bague
- 1 bouton diamètre 3,50 cm
- De la super glu
- 1 cuillère *(voir carnet d'adresses)*

Réalisation

1. Collez les miniatures sur le bouton.
2. Laissez sécher avant de coller le bouton sur le support de bague.

Les boucles « Duo de choc »

Fournitures

- 2 tiges à têtes plates
- 2 supports de boucles d'oreilles

Réalisation

1. Insérez un clou à tête plate à chaque gourmandise.
2. Avec la pince à bout rond, formez la boucle par-dessus *(voir page 65 le conseil de montage)* et montez le support à boucles d'oreilles.

Le « bracel'éclair »

Fournitures

- Du fil câblé
- 2 perles à écraser
- 1 fermoir *toggle*
- 2 petites perles magiques

Réalisation

1. Enfilez sur le fil câblé.
2. Aux deux extrémités du fil, passez une perle magique et une perle à écraser.
3. Passez le fil dans l'attache du fermoir puis dans la perle à écraser. Serrez fort.
4. Recommencez à l'autre bout.

à savoir

Percez avant la cuisson.
Disposez vos « gourmandises » sur des cure-dents, piquez-les sur une boule de papier aluminium ou sur une plaque de polystyrène.
Vernissez en deux couches pour obtenir un effet très brillant.

Le **cookie** et **l'éclair**

1

Le cookie (photo 1)

Fournitures

- De la pâte de couleur caramel
- De la pâte de couleur chocolat et beige
- 1 cure-dent

Réalisation

1. Réalisez une boule de pâte de couleur caramel.
2. Aplatissez légèrement la pâte en galette.
3. À l'aide d'un cure-dent, piquez, grattez et texturez toute la surface.
4. Déposez ensuite quelques morceaux de pâte couleur chocolat et beige. Pour plus de facilité, faites adhérer les pépites avec le cure-dent.

L'éclair (photo 2)

Fournitures

- De la pâte à gâteau
- De la pâte de couleur chocolat

Réalisation

1. Faites un petit rouleau de 3 cm environ avec de la pâte de base.
2. Réalisez une plaque de la couleur désirée et découpez dedans un rectangle de même longueur.
3. Déposez celle-ci sur le rouleau, appuyez légèrement et lissez le dessus avec l'index.

Niveau *

- Temps de réalisation : 10 minutes

2

astuce

Une fois la cuisson terminée, et pour un effet plus réaliste, ne vernissez que les pépites.

Les cupcakes « So good »

1

2

3

Les boucles d'oreilles (photo 1)
Ajoutez des yeux et une bouche et vous aurez des boucles d'oreilles *Cupcake Kawaii*, très tendance au Japon.

Le pendentif (photo 2)
Des paillettes et rondelles de fruits ont été ajoutées avant la cuisson pour décorer ce pendentif vernis.

Le pendentif Chantilly (photo 3)
La base chocolat est en Fimo et elle est texturée avec une brosse à dent.
La chantilly est réalisée avec le paper clay (*voir le carnet d'adresses page 69*).

astuce
Procurez-vous des mini-caissettes en papier (à acheter dans une grande surface ou en solderie), ajoutez-y une boule de pâte polymère en appuyant délicatement sur la caissette pour la faire adhérer à la pâte.
Passez au four 30 minutes à 110 °C.
Afin de rendre la caissette moins fragile et rigide, n'hésitez pas à passer plusieurs couches de vernis !

Le cupcake

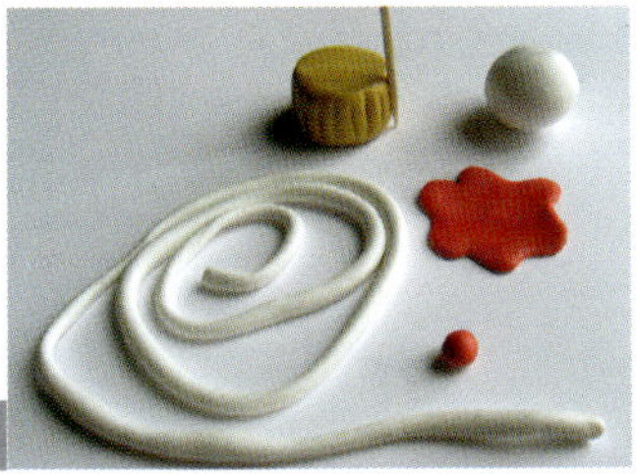
1

2

3

4

Fournitures

- De la pâte à gâteau
- De la pâte de couleur rouge et blanche
- 1 emporte pièce petite fleur
- 1 cure-dent

Niveau ***

Temps de réalisation : 20 minutes

Réalisation

1. Préparez une boule de pâte de base, aplatissez-la un peu et faites des empreintes tout autour avec un cure-dent.
Réalisez une boule de couleur claire qui servira de support pour la « Chantilly ».
Faites une plaque avec l'emporte-pièce fleur et élargissez-la en l'étirant délicatement.
Vous aurez besoin d'un long colombin et d'une petite boule de pâte (photo 1).
2. Assemblez comme indiqué, en appuyant bien la boule blanche sur la base (photo 2).
3. Commencez à entourer le colombin tout autour de la boule (photo 3).
4. Ajoutez la petite cerise rouge et décorez comme bon vous semble. Percez, cuisez et vernissez (photo 4).

astuce

Si vous avez une extrudeuse (*voir page 64*), ce sera le moment de l'utiliser à l'étape 1.

Chapitre 2 : Un été **vitaminé** et **coloré**

Bijou de sac/grigri, tendance kawaii

Boucles d'oreilles "fraisy " fraises à port tout l'été.

Fournitures

- Quelques rubans assortis
- 1 mousqueton ou 1 anneau porte-clefs
- Des anneaux
- Des tiges à tête plate
- Des petits bouts de chaînette
- Des breloques

Variez les couleurs, assortissez-les à vos tenues !
Voir la méthode d'assemblage page 30.

La **fraise**

1 

2 

3 

4 

Fournitures

- De la pâte de couleurs différentes
- 1 emporte-pièce rond moyen
- 1 emporte-pièce petite fleur
- 1 aiguille à coudre
- 1 cure-dent
- 1 feutre permanent noir

Niveau **

Temps de réalisation : 10 minutes chacune, soit 1 heure pour 6 fraises.

Réalisation

1. À l'aide d'un emporte-pièce rond, découpez plusieurs plaques de couleurs différentes. Les feuilles noires seront faites avec l'emporte-pièce petite fleur (photo 1).
2. Réalisez une boule avec chaque couleur. Roulez-la en appuyant doucement sur un côté afin de former une légère pointe (photo 2).
3. Déposez la feuille noire. Percez la fraise à l'aide d'une aiguille et maintenez-la avec un cure-dent afin de faciliter la prise en main. Utilisez le chas d'une aiguille pour faire les petites marques tout autour de la fraise. Faites cuire (photo 3).
4. Avec un crayon noir permanent, faites des petits points sur les marques réalisées avec l'aiguille. Laissez sécher et vernissez (photo 4).

astuce

Le fait d'utiliser un emporte-pièce comme gabarit permet d'avoir toujours la même quantité de pâte pour réaliser les fraises. Elles seront, à coup sûr, toutes de la même taille.

Un collier **tutti frutti**

Fournitures

- 30 cm de fil câblé
- 2 perles à écraser
- De la chaînette
- 1 fermoir toggle
- 2 petits anneaux
- 17 perles magiques (*Perles and Co, voir le carnet d'adresses page 69*)

Réalisation

1. Enfilez les fruits sur le fil, espacés de petites perles.
2. Aux deux extrémités du fil, insérez une perle à écraser.
3. Passez le fil dans le premier maillon de la chaîne et repassez dans la perle à écraser. Serrez fort.
4. Attachez le fermoir *toggle* à l'aide des anneaux.

La **pomme**, la **poire** et **l'orange**

Niveau **

Temps de réalisation : 5 minutes chaque

1

Réalisation

Pomme de reinette et pomme d'Api...

1. Réalisez une boule rouge. Trouez dessus avec un cure-dent et faites une croix à l'arrière. Déposez une petite feuille verte et sa mini-queue marron sur la pomme en faisant bien adhérer le tout (photo 1).

2

Je suis plutôt bonne poire !

2. Mélangez 1 part de jaune (16) et 1/6 gold. Formez une boule, allongez-la en roulant et pressant légèrement le centre afin d'obtenir une forme de poire. Percez dessus et ajoutez une mini-queue (photo 2).

Pas de quartier pour l'orange

3. Réalisez une boule de pâte orange et roulez-la sur du papier de verre gros grain afin de lui donner un aspect peau d'orange. Percez dessus et ajoutez une petite feuille verte (photo 3).

3

astuces

Prenez deux couleurs de vert différentes et mélangez-les grossièrement pour réaliser les petites feuilles.
Pour faire disparaître les empreintes, lissez le tout avec le doigt.
Humidifiez légèrement la feuille de papier de verre afin que la pâte ne colle pas dessus.

Les couleurs **estivales**

Les pics à apéro pour égayer les soirées d'été !

Fournitures

- Des pics en plastique ou bien en inox (à acheter dans des solderies)
- 1 petit récipient qui vous plaît
- 1 bloc de mousse récupéré chez un fleuriste
- Du papier de soie

Réalisation

1. Réalisez vos différents fruits, gâteaux... Percez-les seulement à mi-parcours avec un cure-dent.
2. Cuisez et vernissez.
3. Montez les pics.

Les boucles d'oreilles « Tranches de pastèques » pour un look tropical

Voir le montage page 30 (boucles d'oreilles « Duo de choc »)

à savoir

Il est difficile de trouver des pics vierges à petit prix. Achetez-en déjà pourvus de décorations, puis coupez-les avec une pince coupante.
Attention, pour le montage des pics, ne percez pas jusqu'au bout et ajoutez un peu de super glu pour la solidité.

Réalisez une cane **pastèque**

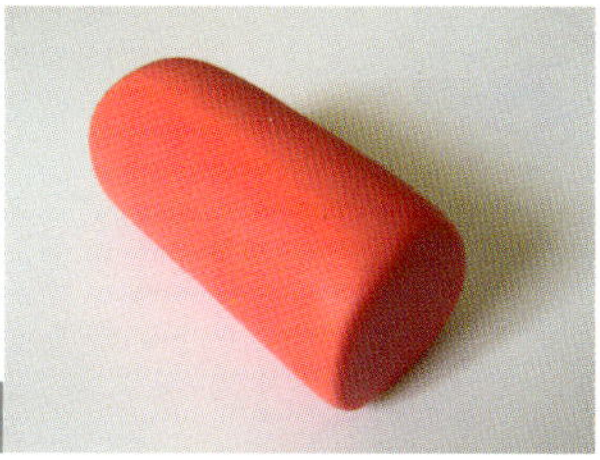

1

2

3

4

Fournitures

- 3 couleurs de pâte
- 1 lame rigide
- 1 feutre noir permanent

Niveau **

Temps de réalisation : 20 minutes

Réalisation

1. Mélangez deux parts de rouge transparent (204) plus 1/4 de rouge cerise (26). Formez un rouleau de 6 cm de long (photo 1).
2. Mélangez bien une part de transparent (014) et 1/2 part de blanc (0). Réalisez une feuille de 3 mm d'épaisseur. Entourez le rouleau (photo 2).
3. Mélangez une part de blanc, 1/2 part de vert pomme (50), un pois de vert opale (58), un pois de vert émeraude (56). Faites une bande plus fine que la blanche. Entourez le rouleau (photo 3).
4. Coupez une tranche de 7 mm d'épaisseur et partagez-la en deux (photo 4). Pré-percez avant la cuisson. Les petites graines noires seront faites avec un feutre noir permanent une fois la cuisson terminée !

À la cueillette des **framboises**

Déclinez ces framboises en pendentifs, ou bien associez-les avec d'autres fruits et réalisez ainsi de jolis bijoux de sac.

La **framboise**

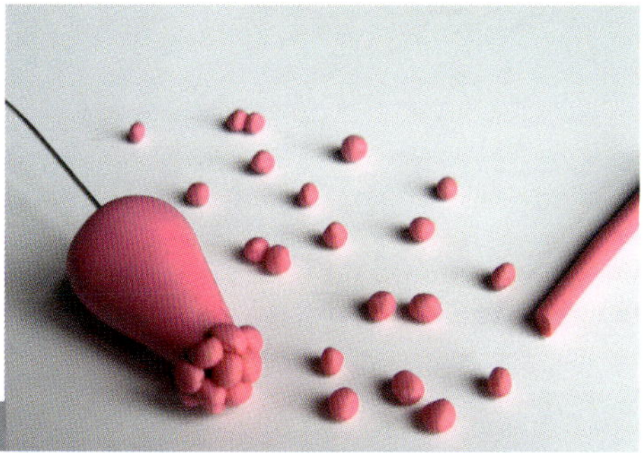

1

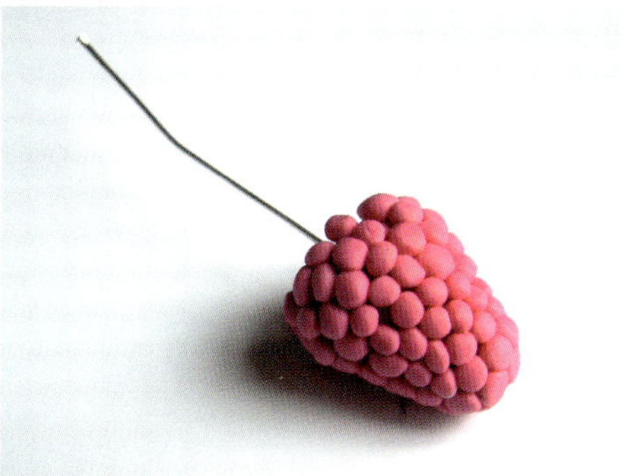

2

Fournitures

- De la pâte couleur framboise
- 1 lame rigide

Niveau ***

Temps de réalisation : 20 minutes

Réalisation

1. Préparer une boule de pâte couleur framboise, puis modelez-la (*voir la fraise page 35*).
2. Préparez un fin colombin sur lequel vous découperez de petits morceaux que vous roulerez en mini-billes. Pour une bonne prise en main, piquez votre framboise avec une aiguille et commencez à disposer les billes par la pointe (photo 1).
3. Terminez jusqu'en haut (photo 2), puis déposez quatre petites feuilles vertes.

conseil

La technique de la framboise est plutôt longue et fastidieuse ; alors, prenez votre temps, le résultat n'en sera que meilleur !

astuce

En réalisant une couleur aubergine (1 part de prune, 1 pois de bleu, 1 pois de noir), vous aurez de jolies mûres !

Chapitre 3 : Les secrets **du sucré**

Boucles d'oreilles « La coupe et sa crème chantilly » (photo 1)
Ajoutez des support à boucles d'oreilles aux mini-pitons.

Le collier pendentif « Happy Birthday » (photo 2)
Un cadeau d'anniversaire qui ravira les petites filles. Enfilez un joli ruban dans l'anneau du piton et votre pendentif est prêt.
Vous trouverez page 69 les adresses où se procurer les coupes en verre et la petite plaque « Happy Birthday ».

La coupe de glace **à la chantilly**

1

2

3

4

5

Fournitures

- 4 couleurs de pâte
- 1 couleur blanche
- 1 cure-dent
- 1 coupe de glace en verre
- 1 mini-piton

Réalisation

1. Réalisez quatre petites boules en ordre croissant et de couleurs différentes (photo 1).
2. Superposez-les dans la coupe en prenant soin, entre chaque couche, de les tasser (photo 2).
3. Réalisez la chantilly en grattant de la pâte blanche avec un cure-dent (photo 3).
4. Déposez la chantilly par-dessus les couches de glace, toujours à l'aide du cure-dent (photo 4).
5. Déposez une petite boule rouge pour la cerise, percez-la avec un cure-dent puis placez dedans une petite tige marron. Enfoncez un mini-piton et faites cuire (photo 5).

à savoir

N'hésitez pas à ajouter d'autres petites décorations, tranches de fraises, rondelles d'oranges… en les enfonçant délicatement dans la chantilly avant la cuisson. Une légère couche de vernis à l'eau appliquée sur la chantilly et les décorations suffira, mais elle n'est pas nécessaire.
Vérifiez après la cuisson que le mini-piton soit bien fixé. Dans le cas contraire, retirez-le délicatement, déposez une petite goutte de super glu dans le trou et laissez sécher 1 heure.

Délicieuse **chantilly**

Fournitures

- De la chantilly Decotti
- De la peinture relief Tulip rouge et verte
- Des tiges à anneaux pour les cornets
- 1 support de barrette
- Des décorations
- Des tranches de fruits (*voir page 69*)

Le cornet coulis rose pailletée

La chantilly est ajoutée après la cuisson du cornet. Utilisez de la peinture relief Tulip en guise de coulis. Laissez sécher.

Le pendentif Cornet glace Italienne sauce citron vert

N'hésitez pas à varier les couleurs des cornets. Insérez une tige à anneau dans la chantilly sèche.

La bague assiette de chantilly (*voir page 45*)

Réalisez la décoration du plateau. Laissez sécher. Collez celui-ci sur le support de bague avec de la colle extra-forte.

La barrette des coquettes

Appliquez généreusement la chantilly sur votre support.

Déposez les décorations en les enfonçant légèrement. Laissez sécher 24 heures.

Le cornet de glace **italienne** et **sa bague**

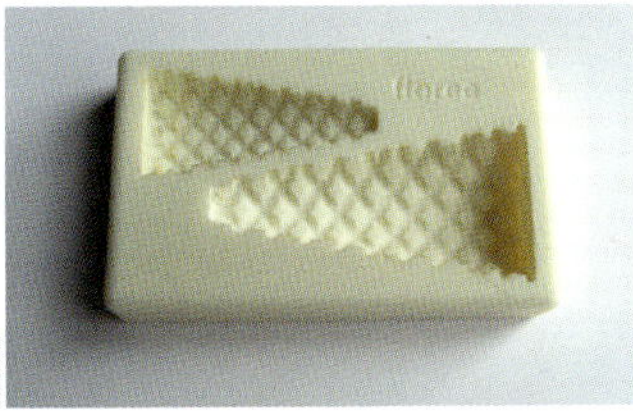

1

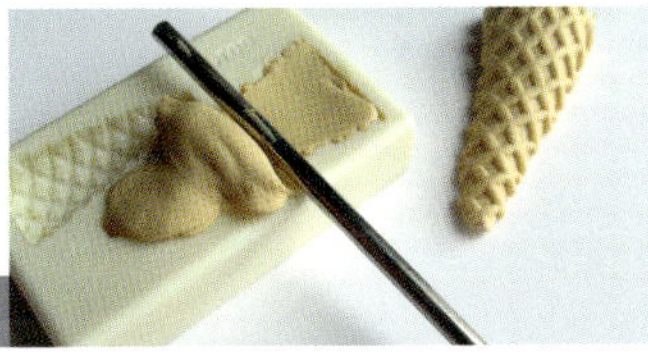

2

3

4

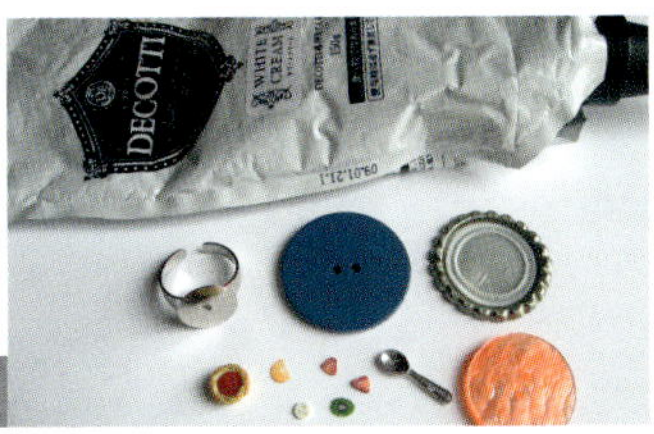

5

Fournitures pour créer une bague chantilly (photo 5) et un cornet de glace.

- De la pâte à gâteau
- 1 moule cornet de glace
- 1 pince à linge
- 1 aiguille à tricoter
- De la chantilly Decotti
- Du talc
- 1 support de bague
- 1 bouton ou 1 capsule de bouteille écrasée
- 1 petite cuillère
- Des tranches de fruits
- Des gâteaux pour la décoration

Niveau **

Temps de réalisation : 10 minutes

Réalisation

1. Vous aurez besoin d'un moule (*voir le carnet d'adresses page 69*). Talquez-le avec un pinceau, une opération nécessaire afin que la pâte Fimo ne colle pas (photo 1).
2. Remplissez de pâte et raclez avec une aiguille (photo 2). Pour retirer facilement votre demi-cornet, prenez un morceau de pâte crue. Appuyez et soulevez.
3. Assemblez les deux demi-cornets et effacez la jointure en frottant délicatement avec un cure-dent (photo 3). Faites cuire.
4. Pincez le cône dans une pince à linge et posez (photo 4). Cette technique permet que le cône reste bien droit. Appliquez la chantilly Decotti (*voir page 69*). Décorez et laissez sécher 24 heures.

Trop rigolo **l'esquimau**

EsquimO version pendentif

Pensez à mettre de côté vos bâtonnets de glace. N'oubliez pas d'insérer un petit piton à vis avant la cuisson.

La broche « Kitty la gourmande »

Fournitures

- 1 support de broche
- 2 tiges
- 3 petits anneaux de couleur cuivre
- 1 breloque Kitty ou autre
- 2 petits donuts
- 1 mini-esquimO

Réalisation

1. Assemblez en breloque les deux *donuts* (*voir la méthode page 65*).
2. Attachez les anneaux aux trois breloques et fixez le tout à la broche.

L'esquimO version kawaii

Pour les yeux, déposez une petit boule noire et, par-dessus, une petite blanche. Applatissez du bout des doigts.

Réalisez un fin colombin noir pour la bouche, et deux petites rondelles roses pour les joues.

L'esquimau

1

2

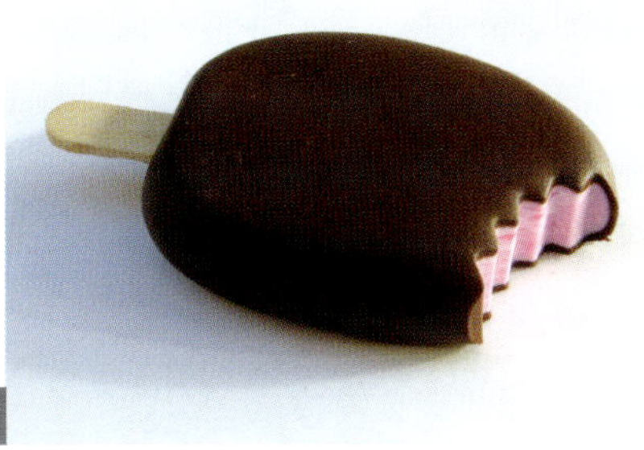

3

Réalisation

1. Réalisez une boule de la couleur de votre choix et recouvrez-la d'une plaque couleur chocolat (photo 1).
2. Reformez une boule et aplatissez-la avec la paume de la main. Mettez en forme en exerçant en même temps une pression à gauche et à droite. Retournez-la, recommencez autant de fois que nécessaire jusqu'à obtenir le résultat souhaité.
Enfoncez à la base le bâtonnet de bois que vous aurez recoupé à la taille désirée (photo 2).
3. Utilisez une lame crantée ou l'emporte-pièce fleur pour l'effet croqué.

Au besoin, pensez à mettre un petit piton avant la cuisson.

à savoir

Après la cuisson, vérifiez que le bâtonnet et le mini-piton sont bien fixés. Dans le cas contraire, retirez-les délicatement, déposez quelques gouttes de super glu proprement dans le trou et laissez sécher 1 heure.

Les **bonbons** « alligator » et « ourson »

1

Fournitures (photo 1)

- 1 broche couleur cuivre
- 3 tiges à tête plate couleur cuivre
- Du fil câblé

Voir page 53 pour la réalisation de la sucette Lollipop.

2

Fournitures (photo 2)

- Du fil câblé
- De la chaînette
- 2 petits anneaux
- 2 perles à écraser
- 1 fermoir *toggle*
- 6 petites perles de couleurs

Voir page 36 pour les explications du montage.

Fabriquer des moules
« **alligator** » et « **ourson** »

1

Réalisation

1. Préparez deux blocs de pâte d'une épaisseur de 2,5 cm environ (c'est le moment d'utiliser vos chutes !) ainsi que vos deux modèles à reproduire (photo 1).
2. Talquez le dessus de votre bloc pour le rendre moins collant. Enfoncez votre crocodile, ou tout autre objet équivalent, afin de réaliser son empreinte (photo 2), puis retirez-le doucement (piquez dedans avec une aiguille en prenant soin de ne pas déformer votre moule). Cuisez.

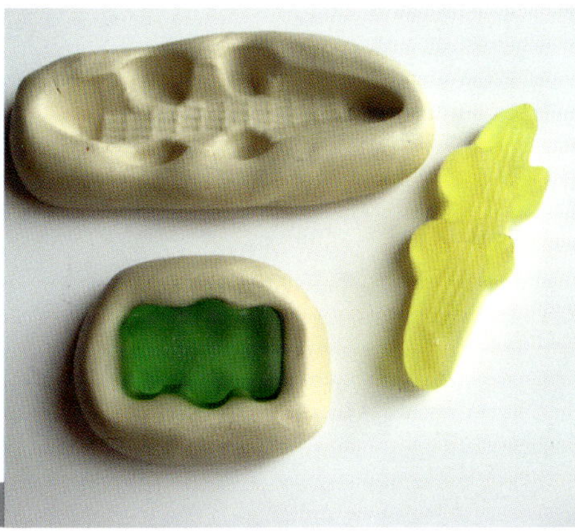

2

astuces

Si vous voulez réaliser des empreintes avec des objets ou des aliments très souples, je vous conseille de les placer au congélateur 2 heures auparavant afin de les durcir.
Une fois la cuisson terminée, passez plusieurs couches de vernis pour protéger votre moule et le rendre plus durable dans le temps.
Au moment d'utiliser votre moule, passez un peu de talc à l'intérieur avec un pinceau, cela vous permettra de démouler votre réalisation en Fimo plus facilement.
Pour donner un aspect gélifié à vos créations (telles que le crocodile et l'ourson), utiliser de la pâte Fimo transparente mélangée à une faible quantité de pâte de la couleur désirée.

Différents tests de chantilly et de **moules silicone**

1

2

3

Tests et différences des trois pâtes présentées page 68 (photo 1)

Dans la caissette orange, utilisation du paper clay : rendu très blanc, onctueux, aéré, mais de consistance plus fragile.
Dans la coupe de glace, utilisation du Resin Art : rendu moins blanc, moins souple à travailler, mais une fois sèche la résine est très résistante.
Dans la tartelette, utilisation de la pâte silicone Decotti : rendu blanc, brillant, matière élastique.

Réalisez un bijou de portable (photo 2)

Utilisez un moule silicone (*voir le carnet d'adresses page 69*).
Remplissez de pâte (Fimo, paper clay...), puis démoulez en exerçant une pression à l'arrière.
Décorez de chantilly, de tranches de fruits (photo 3).

à savoir

Pensez à insérer une tige. Faites un montage en boucle (*voir page 65*) pour y accrocher une attache de bijou de portable.

Le **paper clay** ou mousse **fuwa fuwa**

Les boucles d'oreilles « Marshmallow » réalisées avec du paper clay
Entortillez délicatement trois boudins de couleurs différentes.

Parts de gâteaux
Utilisez pour ces trois parts de gâteaux du paper clay blanc auquel vous mélangez un peu de couleur acrylique marron pour donner un ton couleur chocolat.
Attendez une heure de séchage avant de découper en deux la part. Déposez entre les tranches de la peinture Tulip 3D, puis fermez.
Réalisez la texture mousseuse en grattant et en piquant avec un cure-dent.
Pour le coulis, utilisez de la peinture 3D.

La sucette Appelez-moi **Lolli Pop !**

Retour dans le passé avec cette sucette de l'enfance mais toujours d'actualité.

conseil

N'oubliez pas, avant la cuisson, de percer à l'aide d'un cure-dent le haut de la sucette afin de pouvoir y insérer un anneau.
Après la cuisson, si le cure-dent ne tient pas, ajoutez-y une petite goutte de super glu.
Faites des tests avec des couleurs différentes.

Réalisez une **cane Lollipop**

1

2

3

4

5

Niveau **
Temps de réalisation : 20 minutes

Fournitures (photo 1)
- 3 couleurs de pâte contrastantes
- 1 pâte couleur blanche
- 1 cure-dent

Réalisation
1. Préparez cinq boudins de 5 mm x 10 cm, puis disposez-les en rang côte à côte (photo 1).
2. Assemblez-les comme indiqué (photo 2).
3. Entortillez-les toujours dans le même sens (photo 3).
4. Roulez vos boudins ensemble afin qu'ils ne fassent plus qu'un et que le résultat soit bien lisse (photo 4).
5. Enroulez le boudin en escargot jusqu'à obtenir la grosseur souhaitée (photos 5).
6. Laissez-le durcir au frigo pendant 1 heure.
7. Enfoncez ensuite délicatement un cure-dent auquel vous aurez coupé les extrémités pointues (photo 6). Cuisez et vernissez.

6

Chapitre 4 : des idées d'utilisation **en décoration**

Réalisez le cadre fruité aux couleurs acidulées pour décorer une cuisine.

Fournitures

- 1 cadre en bois brut
- De la peinture blanche
- Des fruits et demi-fruits (*voir pages 35, 37 et 39*)
- De la colle forte

Le cadre « **Pâtisseries** »

Préparez des pâtisseries assorties aux couleurs de votre intérieur.
Une idée cadeau qui ne passera pas inaperçue.

La bonbonnière

Fournitures

- 1 pot en verre avec un bouchon en liège ou tout support
- 1 ruban en dentelle blanche pour le tour du pot
- 1 ruban Vichy rouge et blanc
- 1 napperon en papier bordure dentelle ou du tissu
- 1 grosse fleur blanche en tissu sur laquelle sera collée la religieuse
- De la colle forte
- 1 *cupcake* (*voir pages 32 et 33*)
- Du coulis de chocolat (*voir page 13*)
- 1 demi-religieuse (*voir page 29*)

à savoir

N'oubliez pas de couper la religieuse en deux avant la cuisson.

Le bracelet « Croquandises »

Fournitures

- 22 cm de chaîne environ, selon votre tour de poignet
- 1 petit fermoir *toggle*
- 7 clous à tête plate
- 7 petites pâtisseries
- 13 petits anneaux
- 4 breloques argentées

Réalisation

1. Montez vos pâtisseries en breloques (*voir le montage page 65*) en ajoutant à chaque fois de petits anneaux.
2. Accrochez-les sur la chaîne à votre convenance avec les breloques argentées. Terminez par le fermoir.

Des embellissements pour le **scrapbooking**

Et maintenant, pourquoi ne pas créer vos propres décorations en pâte polymère ? Vous pourrez ainsi les coordonner avec la couleur de vos papiers.

Amusant et plutôt économique, il vous suffit de couper vos créations en deux et de les coller sur vos pages ou mini-albums de *scrapbooking* comme indiqué sur la page web d'Isabelle Gallien (*voir le carnet d'adresses page 70*).

astuces

Une idée de création : faites deux petits trous au centre de vos créations et vous obtiendrez de jolis boutons « faits maison ».
Sortez vos encres et tampons. Appliquez sur la pâte polymère, faites une découpe à l'emporte-pièce de votre choix, cuisez et vernissez.

Les gourmandises font **leur star !**

Voici un second modèle de page afin d'illustrer une photographie gourmande !

Fournitures

- 1 feuille de papier unie 30 x 30 cm
- 1 photo de votre choix
- Différentes feuilles de papiers à motifs
- Des mini-gourmandises en Fimo
- Des embellissements
- Des bougies, stickers autocollants, breloques...
- Du papier d'emballage de chocolat, des décorations en sucre pour gâteaux
- 1 cône avec un napperon en papier
- Des ciseaux simples et des ciseaux cranteurs
- 1 crayon
- De la colle
- Du scotch double face
- 1 carré adhésif 3D
- De la colle pailletée

Pour embellir votre page, n'hésitez pas à découper des photos ou des dessins dans des magazines et à imprimer vos embellissements provenant de sites de scrap digital (de nombreux sites proposent des kits gratuits ; *voir le carnet d'adresses page 69*), pour ensuite les coller sur un papier épais afin d'obtenir une meilleure tenue.

L'horloge
« Cuisine et gourmandises »

Heureusement que j'ai ma pendule... pour ne jamais être en retard.
Pour la réaliser, vous avez besoin de trois choses : avoir l'âme d'une bricoleuse, d'une couturière et d'une fimoteuse !

Fournitures

- 1 petite planche de contre-plaqué peinte en blanc
- Du tissu Vichy rouge et blanc
- Du petit galon dentelle
- Des gourmandises en Fimo
- Des *rub-ons* chiffres
- Des lettres à coller
- 1 motif central
- 1 mécanisme d'horloge

Le carnet **technique**

Pour bien commencer avec **la pâte polymère**

1

2

3

Le plan de travail idéal est un grand carreau de carrelage 30 x 30 cm que vous pourrez acheter à l'unité dans un magasin de bricolage. Dans tous les cas, il faut une surface sûre et facilement nettoyable.
Recouvrez-la partiellement de papier sulfurisé pour travailler votre pâte polymère. Placez vos outils et vos emporte-pièces sur la partie haute de votre plan de travail afin de les avoir toujours à disposition. Ainsi paré, il vous sera plus facile de vous déplacer d'une pièce à une autre sans avoir, pour autant, besoin de tout ranger et de nettoyer l'endroit où vous vous serez installé.
Si vous souhaitez emporter tout votre matériel lors de vos déplacements ou en vacances, le moyen de rangement idéal est une boîte à outils avec des compartiments.

Vous y rangerez votre machine à pâte, votre boîte en métal contenant vos blocs de pâte entamés, 1 rouleau de papier sulfurisé et d'aluminium...
Dans le compartiment du dessus, vous placerez vos blocs de Fimo neufs, vos pinces, rouleaux, lames et pots de vernis (photo 2).

Enfin, dans les deux petites boîtes à compartiment qui se glissent sur le couvercle, vous classerez vos apprêts, tranches de fruits, cure-dents, perles... (photo 3).

à savoir

Voici la recette de la pâte à gâteaux et à viennoiseries : mélangez trois parts de nacre *soft*, une part de blanc *soft* et deux parts d'ocre *classic*.
Voir les créations utilisant la pâte à gâteau, dite aussi « pâte de base », pages 7, 9, 11, 13, 15, 17, 21, 23, 27, 29, 31 et 33. + un peu de chocolat pour foncer léger.

astuce

Pour bien mélanger les couleurs entre elles, optez pour une machine à pâte.

Le matériel **indispensable**

1

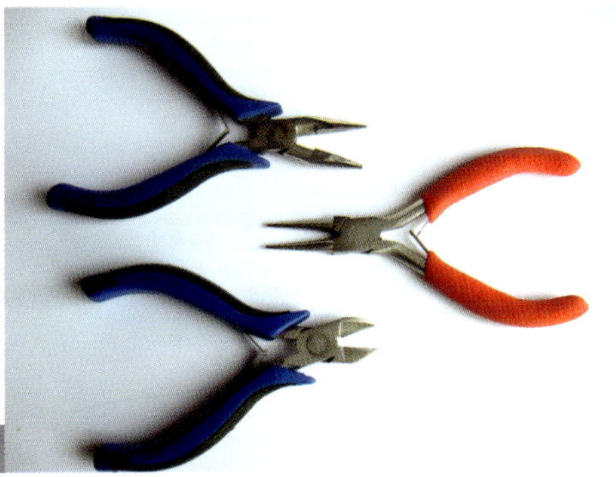
2

Voici une liste de fournitures très utile pour la réalisation d'objets en pâte polymère :

Photo 1

- Des lames rigides pour couper droit
- Des lames flexibles pour couper de façon incurvée
- 1 cutter stylo très utile pour du découpage de précision
- Des outils de perçage : cure-dents, aiguilles, brochettes en bois, ainsi que de la paille pour former des trous plus importants
- 1 rouleau acrylique pour étaler et lisser des plaques de pâte
- 1 emporte-pièces permettant de couper des formes dans les plaques de pâtes

Photo 2

- Des pinces coupantes pour couper le fil câblé, clous, tiges...
- Des pinces rondes pour former des boucles avec les tiges
- Des pinces crantées pour écraser les perles de serrage, pour maintenir les petits éléments, ou encore pour ouvrir et fermer des anneaux

astuces

Si vous ne voulez pas investir dans un rouleau acrylique, remplacez-le par une petite bouteille de verre bien lisse. Prévoyez des pinceaux à poils souples pour le vernis et la peinture.

à savoir

Faites bien attention, les lames sont très coupantes.

La machine à pâte et **l'extrudeuse**

La *machine à pâte* (photo 1) vous facilitera beaucoup le travail pour former des plaques régulières de différentes épaisseurs. Elle pourra également vous être utile pour vos mélanges de couleurs et vos dégradés.

L'*extrudeuse* (photo 2) ou *clay gun* vous servira à confectionner des fils de pâte de différents calibres. Elle offre de nombreuses possibilités avec un choix important d'embouts. Un gadget bien pratique mais pas indispensable pour les réalisations proposées dans ce livre.

1

2

conseil

N'hésitez pas à consulter les sites d'enchères Internet pour acheter ces fournitures (voir le carnet d'adresses pages 69 et 70).

Les fournitures de montage et **les explications**

1

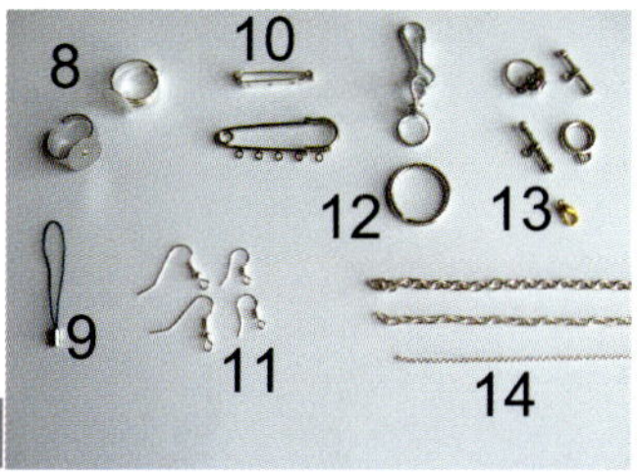

2

3

4

Photo 1

1. Des tiges, des clous à tête plate et des épingles anneaux
2. 1 tige porte-photo avec pince crocodile
3. Des mini-pitons
4. Des perles à écraser et anneaux
5. Des embouts de serrage pour cordons, finition de collier
6. 1 bélière à pincer
7. Des breloques

Photo 2

8. 1 support de bague
9. 1 attache pour téléphone portable
10. 1 support de broche et 1 épingle broche kilt à anneaux
11. Des crochets boucles d'oreilles
12. 1 anneau porte-clés et 1 mousqueton
13. 1 fermoir mousqueton et 1 fermoir *toggle*
14. Des chaînes et chaînettes

Photo 3

Passez un clou à tête plate dans votre pâtisserie ou vos perles ; coupez, si besoin, à 1 cm du bord avec la pince coupante.
Avec la pince à bout rond, maintenez fermement votre clou.

Photo 4

Formez une boucle par-dessus, en serrant ; il faut qu'elle soit bien fermée.

La cuisson et **le vernis**

1

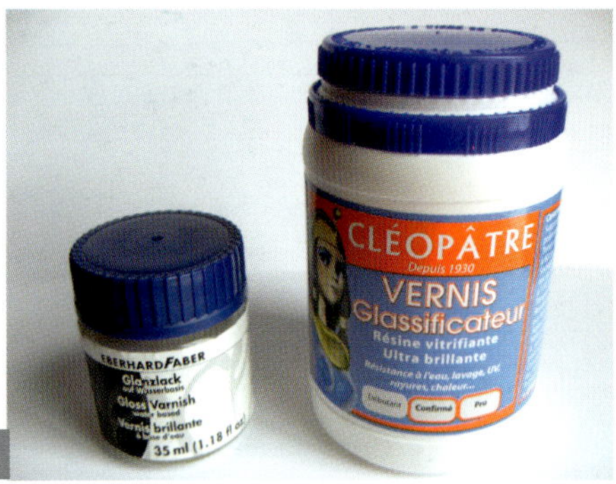

2

Avant la cuisson...

Placez vos créations qui nécessitent d'être cuites à plat sur un carreau de carrelage ou sur un vieux plat recouvert d'une feuille de papier cuisson.

Positionnez vos réalisations percées sur un cure-dent, puis piquez-les sur un bloc de polystyrène ou sur une boule de papier aluminium (photo 1).

Le vernis

Deux types de vernis sont utilisés pour les modèles du livre (photo 2). Le premier, de la marque Eberhard Faber, est un vernis à l'eau incolore qui sèche en 30 minutes au toucher. Le durcissement définitif est de 24 h. Il est vendu spécialement pour la pâte Fimo. Le nettoyage des pinceaux se fait à l'eau. On peut sans problème vernir la pâte paper clay avec ce vernis. Le second, de la marque Cléopâtre n° 3, est un vernis à l'aspect très brillant qui donne une impression de vitrification. Ne passez qu'une très fine couche sur la surface à vernir. Pour une finition parfaite, la cuisson demande deux passages de 15 minutes à 110 °C au four. Le nettoyage du pinceau se fait à l'eau savonneuse.

Vous avez aussi la possibilité d'utiliser le Klir (produit ménager pour cirer les parquets), qui est vraiment économique mais moins protecteur, et qui donne une finition satinée.

L'inconvénient est qu'il nécessite de recuire 10 minutes à 100 °C entre chaque couche (3 couches minimum seront nécessaires).

à savoir

Respectez bien le temps de cuisson indiqué sur les emballages des pâtes polymères.

conseil

Si vous attrapez la « Fimo-mania », investissez dans un mini-four (d'occasion) qui ne servira qu'à la cuisson de la pâte polymère.

Les gabarits : « Bonhomme Pain **d'épices »** et **le goûter**

1

2

Réalisation

1. Reproduisez les gabarits en les décalquant ou en les scannant. Pour modifier leur taille selon votre souhait, il est préférable de les scanner.
2. Imprimez ou dessinez-les sur un papier très épais de type bristol.
3. Découpez votre forme à l'aide d'un cutter en prenant bien soin de respecter les arrondis.

Voir les créations de la page 20.

astuce

Voici une adresse où trouver des modèles de gabarits à imprimer : http://www.studio-scrap.com.
Vous pouvez y télécharger une version de démonstration gratuite qui vous permettra d'utiliser tous les gabarits de base du logiciel (il en existe plusieurs centaines !) et qui vous sera très utile aussi pour réaliser les gabarits et les embellissements de vos pages de *scrapbooking* gourmandes.

Paper clay, Resin art et Decotti

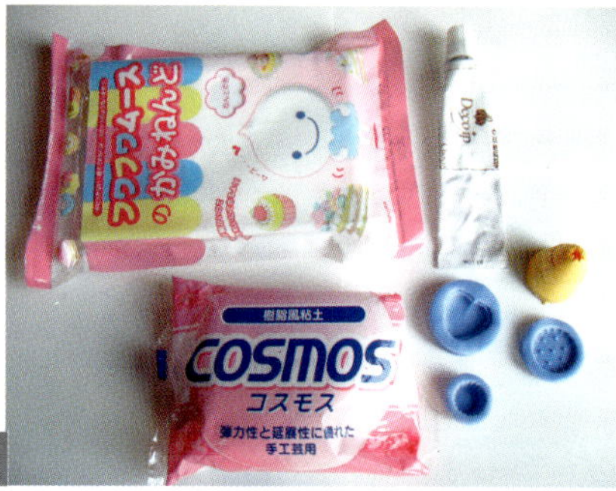

1

2

3

Il existe plusieurs marques différentes de paper clay : Angel Paper clay, japanese mousse Paper clay, Hearty (en plusieurs couleurs) ainsi que la Delight. Ces pâtes peuvent également être vendues en kit avec des moules, ce qui ravira les plus jeunes par leur simplicité d'utilisation (photos 1 et 3).

Le *paper clay* (pâte à modeler à base de cellulose) est non toxique, léger, propre, inodore. Utilisez de la colle à bois pour assembler les éléments ; elle sèche en 24 heures à l'air libre.

Le *Resin Art* est une argile blanche, douce et peu souple. Elle sèche à l'air libre en deux jours en fonction de l'épaisseur. Elle est idéale pour fabriquer des poupées et des miniatures alimentaires. Elle peut être peinte à l'huile et être mélangée à de la peinture acrylique.

Le tube de *Decotti*, contient un silicone blanc, donnant un aspect plastifié. Il est utilisé seulement pour réaliser des décorations de chantilly (photo 2).

Voir les créations présentées pages 50 et 51 ainsi que les bonnes adresses page 69 (notamment chez modes4U pour le choix de kit).

à savoir

Une fois ouverts, ces produits doivent être bien protégés dans des sacs fermés par un *zip*, car ils sèchent très vite, ce qui les rend inutilisables.

Lexique

A comme...

APPRÊTS

Petits accessoires (fermoir, fil, tige, anneau, support...) permettant la réalisation de bijoux.

B comme...

BRAD

Attache parisienne. Embellissement que l'on passe à travers un petit trou, en écartant les petites tiges se trouvant à l'arrière. Il en existe de nombreuses formes et tailles différentes. Idéal aussi pour servir de fixation.

BRELOQUE

Petite pièce munie d'un anneau permettant de l'accrocher à d'autres éléments.

E comme...

EMBELLISSEMENT

Élément décoratif, pouvant être de carton, métal, tissu, polymère...

P comme...

PAPER CLAY

Pâte à modeler prête à l´emploi et durcissant à l´air de 1 à 3 jours. Elle est à base de cellulose. Non toxique, bio-dégradable, propre, inodore et simple à utiliser.
Sa structure fine unique peut être sculptée, modelée ou poncée. Une fois durcie, cette pâte est légère comme du papier. Elle permet une variété infinie de couleurs par l´ajout de peinture à l´eau pendant le travail ou après séchage en la peignant avec n´importe quelle sorte de peinture.
Pour info, 1 sachet de pâte mousse légère Paper clay Delight, « fuwa fuwa » de 90 g fait le même volume que 6 pains de pâte à modeler de Fimo.

PERLE MAGIQUE (CHEZ PERLES AND CO)

Perle colorée très vive et lumineuse.

R comme...

RUB-ONS

Transferts. Ils s'appliquent en frottant sur l'envers avec un petit bâtonnet.

S comme...

SCRAPBOOKING

Technique venant des États-Unis, consistant à utiliser des photographies en les organisant de manière thématique sous forme d'albums souvenirs, par exemple, en écrivant des titres originaux, en collant divers papiers et embellissements afin de raconter une histoire.

T comme...

TOGGLE

Fermoir décoré (forme de fleur, cœur...) pour donner une touche originale à vos créations.

Le carnet **d'adresses**

Sites de scrapbooking à découvrir

- http://isa-reve-de-scrap.over-blog.com
- http://ellescrap.canalblog.com
- http://scrapgay.canalblog.com
- http://www.studio-scrap.com
- http://tribucosta.canalblog.com
- http://scrapenval.canalblog.com
- http://www.histoiresdepages.com
- http://magazine.passion.scrapbooking.over-blog.com
- http://sandrinevachon.canalblog.com

Mes sites d'idées créatives

- http://www.bluemarguerite.com/BMFR.cml
- http://www.atelier-de-kitty.com
- http://www.idcreatives.com/idCreatives/Frontend/index.php
- http://www.catalogue-creation.com

Le carnet **d'adresses**

Les sites de l'auteure

- blog : http://feemeung.canalblog.com
- boutique : http://ateliercupoftea.canalblog.com

Où trouver les fournitures ?

En France :

- http://www.perlesandco.com
- http://www.placedesloisirs.com
- http://www.espaceperle.fr/index.php

À l'étranger :

- http://www.kawaiisupply.com
- http://www.strapya-world.com
- http://www.modes4u.com

Sur eBay :

- http://stores.shop.ebay.fr/beautifullyhandmade__W0QQ_armrsZ1

Sites concernant la pâte polymère, le paper clay et la WePam

- http://www.cernit.net/couleurs.html
- http://www.clay-and-paint.com
- http://paroledepate.canalblog.com
- http://fimobyic.canalblog.com
- http://crea-diddlindsey.over-blog.com
- http://leloisircreatif.canalblog.com
- http://wepam.forumactif.net
- http://www.root-top.com/topsite/mirose/index.php (*la ronde du modelage*)
- http://fimopassion.forum-actif.net
- http://porcelanafria.canalblog.com
- http://tranchedecane.canalblog.com

à savoir

Le paiement sur les sites Internet exige la plupart du temps un paiement via *Paypal*.

Remerciements

Je tiens à remercier tout particulièrement :
Mes filles Océane et Mélissandre pour leurs avis et aussi pour leur patience.
Emmanuelle Prot pour sa curiosité et pour toutes les découvertes sur le Net
qu'elle nous fait partager.

Merci enfin :
à l'équipe de Perles & Co,
à Anne d'Espace Perle,
à Fabrice de Place des Loisirs,
à François de Studio-Scrap,
à Georges de l'entreprise Darwi en Belgique,
et à Sandra de chez Modes4U pour leur partenariat, leur confiance
et leurs encouragements.

Imprimé en Espagne

Dépôt légal septembre 2010